Inhalt

Ethisch-ökologisches Investment

Kernthesen

Beitrag

Fallbeispiele

Weiterführende Literatur

Impressum

Ethisch-ökologisches Investment

M.Floßmann

Kernthesen

- Unter der Bezeichnung ethisch-ökologisches Investment werden Geldanlagen mit Zielsetzung in Bezug auf Ethik, Sozialverantwortung und/oder Ökologie angeboten.
- In diesem Zusammenhang gebräuchlich sind auch die Begriffe Socially Responsible Investment (SRI) und nachhaltiges Investment, wobei das Kriterium der Nachhaltigkeit (Sustainability) auch ökonomische Gesichtspunkte beinhaltet.
- Während der Anlegerkreis in Deutschland bisher noch bescheiden ist, hat sich der Markt für ökologisch, ethisch und/oder

sozial orientierte Anlagen u.a. in den USA, England und der Schweiz bereits positiv entwickelt.
- Dem prognostizierten Wachstum der Sparte stehen neben dem Vorurteil der Renditeeinbußen auch mangelnde Transparenz sowie Defizite im Fachwissen beim Vertrieb im Wege.
- Hoffnungsträger für das Anlagesegment hierzulande sind vor allem die private Altersvorsorge sowie betriebliche Pensionsfonds, für die der Gesetzgeber eine Informationspflicht hinsichtlich der Berücksichtigung ethischer, ökologischer und sozialer Belange eingeführt hat.

Beitrag

In den USA sind bereits 200 Milliarden Dollar ethisch-ökologisch bzw. nachhaltig angelegt. In Großbritannien verzeichnete die Branche zuletzt jährliche Wachstumsraten von 40 bis 60%. (9) Führende Anbieter nachhaltiger Investments kommen aus der Schweiz und auch in Österreich findet das Anlagesegment wachsende Beachtung. Vergleichsweise zurückhaltend zeigen sich Anbieter und Investoren in Deutschland. Lediglich 0,7 % der hierzulande in Fonds angelegten Gelder entfallen laut

einer Studie des Institutes Markt-Umwelt-Gesellschaft auf ethisch-ökologische Fonds. (8) Institutionelle Anleger und auch Privatinvestoren fragen grüne Investments kaum nach, Hauptanleger sind Kirchen und Stiftungen, die ihr Vermögen in der Regel selbst verwalten.
Die in die private Altersvorsorge (Stichwort Riester-Rente) und in betriebliche Pensionsfonds fließenden Gelder versprechen jedoch erhebliches Wachstumspotential. Für die Anbieter dieser Produkte wurde im Altersvorsorgegesetz eine Berichtspflicht verankert, ob und inwiefern beim Investieren der Gelder ethische, soziale bzw. ökologische Belange berücksichtigt werden. (7) Es kann durchaus bemängelt werden, dass diese Vorschrift von den Anbietern bislang kaum angemessen befolgt wird. Trotzdem sieht die Branche hierin einen starken Impuls, sobald die gesetzliche Informationspflicht von den Investoren stärker eingefordert und bei der Anlageentscheidung berücksichtigt wird. (4) Die Einführung gesetzlicher Berichtspflichten führte beispielsweise auch in Großbritannien und Österreich zu hohen Zuwachsraten des ethisch-ökologischen Anlagesegments.

Was bedeutet ethisch-

ökologisches Investieren ?

Die Begriffe ethisch-ökologisches Investment, Socially responsible Investment (SRI) bzw. nachhaltiges Investment (Sustainability) werden oft synonym gebraucht und sind nicht eindeutig abgrenzbar. (8) Was die Anlagekriterien der als ethisch-ökologisch bezeichneten Fonds angeht, können diese recht verschieden und unterschiedlich kombiniert sein. Beispiele:
-Ausschluss bestimmter Branchen (etwa Rüstung, Tabak, etc.)
-Ablehnung von Unternehmen oder Ländern, die ihre Produkte unter menschenunwürdigen Bedingungen herstellen (z.B. Kinderarbeit)
-Ablehnung umweltschädigender Produkte und Produktionsverfahren
-zielgerichtete Unterstützung bestimmter umweltverträglicher Verfahren zur Produktion oder Energiegewinnung

Nachhaltiges Investment (8)

Nachhaltiges Investment zeichnet sich zusätzlich dadurch aus, dass neben einer sorgfältigen Sozial- und Umweltanalyse auch fundierte wirtschaftliche Daten in die Anlageentscheidung einfließen.

Demzufolge werden diesem Segment unter den Öko-Investments die größten Zukunftschancen eingeräumt.

Indices zu nachhaltigen Investments:

-Dow-Jones-Sustainability-Group-Index:Enthält aus 2500 Unternehmen, die sich auf mehr als 70 Branchen aufteilen, die besten 10 Prozent in Bezug auf Nachhaltigkeits- und Risikoeinschätzung.

- FTSE4Good-Index
Die größten von ca. 2300 Unternehmen aufgeteilt in die Bereiche Großbritannien, Europa, USA und Global werden hinsichtlich Umwelt/Ökologie, Sozialkompetenz und Beachtung der Menschenrechte analysiert.

-Frankfurt-Hohenheimer Leitfaden (9)
In Deutschland entwickelte Kriterien zur ethisch-ökologischen Bewertung von Unternehmen.
Die Einschätzung stellt auf die drei Teilbereiche ökologisches Rating, Social Cultural Rating sowie die konventionelle Finanzanalyse ab.

Was hemmt die Entwicklung des ethisch-ökologischen Anlagesegments in Deutschland ?

Obgleich Studien und Vergleiche von Index-Verläufen belegen, dass ethisch-ökologisches und vor allem nachhaltiges Investieren sich langfristig durchaus mit herkömmlichen Anlagen messen kann, werden von den Anlegern Renditeeinbußen befürchtet.

Die mit dem Altersvermögensgesetz eingeführte ethisch-ökologische Berichtspflicht für Renten- und Pensionsprodukte hat in Deutschland bislang im Vergleich zu Großbritannien wenig bewirkt. Dies liegt unter anderem daran, dass die Anbieter keinen nennenswerten Nachteil erleiden, auch wenn sie bekunden, ethisch-ökologische Belange bei der Anlageentscheidung außer Acht zu lassen. (4)

Zu wenig Transparenz seitens der Anbieter macht es dem Anleger schwer, die Qualität der speziellen Investments einzuschätzen.

Zudem werden ethisch-ökologische Produkte beispielsweise von Banken kaum aktiv angeboten, da es den Beratern oftmals an entsprechendem

Fachwissen fehlt. (9)

Fallbeispiele

Menschenrechtsfonds der französischen Post

Sehr erfolgreich ist ein Fonds in Frankreich, den die französische Post über ihre Filialen vertreibt. Dieses Produkt hat sich humanitären Zielen verschrieben, indem die Hälfte der Erträge an die Internationale Liga für Menschenrechte geht. Entsprechend wird auch nur in nach ethischen Gesichtspunkten ausgewählte Papiere investiert. (5)

Ökologisches Länderrating

Auch Länder werden im Hinblick auf von ihnen begebene Staatsanleihen nach ethisch-ökologischen Gesichtspunkten bewertet. Die Schweizer Privatbank Sarasin und die Rating-Agentur Ökonom führen solche Länderratings durch. Die Spitzenpositionen nehmen die skandinavischen Länder ein, während sich Deutschland nur im Mittelfeld findet. (1)

Finanzmarkt Österreich

In Österreich erfreuen sich nachhaltige Investments wachsender Beliebtheit. Aufgrund kürzlich durchgeführter Umfragen wird damit gerechnet, dass auch Privatinvestoren zunehmend ihr Augenmerk auf die Umwelt- und Sozialverträglichkeit legen. Österreich nimmt zudem eine gute Position bei den Länderratings ein. (10)

Imug-Studie

Der von der Schweizer Bank Sarasin verwaltete Fonds Ökovision hat vom Institut für Markt-Umwelt-Gesellschaft (imug) im Rahmen einer im Auftrag des Bundesministeriums für Bildung und Forschung durchgeführten Studie die beste Beurteilung erhalten. Untersucht wurden 40 Fonds im Hinblick auf Research-, Informations- und Servicequalität. (6)

Ökologische Lebens- und Rentenversicherung

In Zusammenarbeit mit dem schwedischen Versicherer Skandia bietet der Finanzdienstleister ProVita GmbH Policen an, die ausschließlich in ökologische bzw. nachhaltige Fonds investieren. (11)

Weiterführende Literatur

(1) Hesse, Martin, Sicher, sauber und politisch korrekt, SZ Süddeutsche Zeitung, 18.06.2003, Ausgabe Deutschland, S. 30
aus FTD Financial Times Deutschland vom 03.04.2003, Seite 23

(2) Ökologisch
aus Frankfurter Allgemeine Sonntagszeitung, 16.03.2003, Nr. 11, S. 44

(3) Gries, Lothar, Banken entdecken den Umweltschutz, SZ Süddeutsche Zeitung, 16.05.2003, Ausgabe Deutschland, S. 20
aus Frankfurter Allgemeine Sonntagszeitung, 16.03.2003, Nr. 11, S. 44

(4) Langfristig wirksam Renten gibt es auch als ökologische Variante. Die Renditeerwartungen sind mit denen der herkömmlichen Rentenprodukte

vergleichbar. Eine Nachbesserung der Berichtspflicht ist nötig
aus taz, 17.03.2003, S. 10

(5) Ein Fonds für die Humanität Französische Post vertreibt Wertpapier zugunsten einer Menschenrechtsliga. Anteilsscheine gibt es ab 100 Euro. Fonds investiert zu 80 Prozent in Staatsobligationen, zu 20 Prozent in notierte Firmen
aus taz, 02.06.2003, S. 10

(6) Schweizer Wertarbeit bei grünen Aktienfonds ETHISCH-ÖKOLOGISCHES INVESTMENT / Eine wissenschaftliche Studie hat die Qualität von Ökofonds bewertet. Die Unterschiede sind gravierend.
aus Börse Online vom 30.04.2003, Seite 38

(7) Mit gutem Gewissen fürs Alter vorsorgen RIESTER-RENTE / Die Riester-Rente hat der ethisch-ökologischen Geldanlage den Rücken gestärkt. Doch die Auswahl an nachhaltigen staatlich geförderten Vorsorgeprodukten ist noch begrenzt. Ein Überblick.
aus Börse Online vom 18.06.2003, Seite 48

(8) Die Bedeutung nachhaltiger Investments für die deutsche Pensionsindustrie
aus Zeitschrift für das gesamte Kreditwesen Nr. 08 vom 15.04.2003 Seite 411

(9) Ethisch-ökologische Anlagen Der Markterfolg steht noch bevor

aus Die SparkassenZeitung, 16.05.2003, Nr. 20, S. 5

(10) National nachhaltig Ethisches Investment in ÖsterreichInvestoren haben eine Vielzahl von Anlagemöglichkeiten. Mehr als 30 ethisch-ökologische Fonds sind auf dem Markt. Die Entwicklung beschleunigt sich
aus taz, 26.05.2003, S. 9

(11) Geld zielgerichtet binden Porträt FinanzdienstleisterDie ProVita GmbH bietet Lebensversicherung und Rente mit Umweltfonds-Portfolios. Bislang Beitragsvolumen von über 95 Millionen Euro platziert
aus taz, 14.04.2003, S. 11

Impressum

Ethisch-ökologisches Investment

Bibliografische Information der deutschen Nationalbibliothek

Die Deutsche Nationalbibliothek verzeichnet diese Publikation in der deutschen Nationalbibliografie; detaillierte bibliografische Daten sind im Internet über http://dnb.d-nb.de abrufbar.

ISBN: 978-3-7379-0670-8

© 2015 GBI-Genios Deutsche Wirtschaftsdatenbank GmbH, Freischützstraße 96, 81927 München, www.genios.de

Alle Rechte vorbehalten. Dieses Werk ist einschließlich aller seiner Teile – z.B. Texte, Tabellen und Grafiken - urheberrechtlich geschützt. Jede Verwertung außerhalb der Grenzen des Urheberrechtsgesetzes bedarf der vorherigen Zustimmung des Verlags. Dies gilt insbesondere auch für auszugsweise Nachdrucke, fotomechanische Vervielfältigungen (Fotokopie/Mikroskopie), Übersetzungen, Auswertungen durch Datenbanken oder ähnliche Einrichtungen und die Einspeicherung und Verarbeitung in elektronischen Systemen.